AFFAIRE

DE MAUBREUIL,

JUGÉE DÉFINITIVEMENT

A LA COUR ROYALE DE DOUAI,

LE 6 MAI 1818.

PARIS.

DELAFOREST, LIBRAIRE, PLACE DE LA BOURSE,

RUE DES FILLES-SAINT-THOMAS, N°. 7.

ET CHEZ LES PRINCIPAUX LIBRAIRES.

1827.

IMPRIMERIE ANTHELME BOUCHER,
RUE DES BONS-ENFANS, N°. 34.

M. de Maubreuil cherche à confondre deux affaires toutes différentes ; celle des diamans et de l'argent enlevés à la princesse Catherine de Wurtemberg, le 21 avril 1814, et l'insulte faite à M. le prince de Talleyrand, le 21 janvier 1827.

La première de ces affaires a été jugée *définitivement* par arrêt de la Cour royale de Douai, le 6 mai 1818. Nous avons cru qu'il serait intéressant, pour le public, de connaître les détails qui y sont relatifs, et qui ont donné à M. de Maubreuil une malheureuse célébrité. Nous en trouvons les documens les plus authentiques dans l'exposé des *faits,* tels qu'ils ont été présentés dans les conclusions de M. Maurice, avocat-général près la Cour royale de Douai, des 18, 19 et 20 décembre 1819. Nous rapportons, à la suite, un *extrait de l'arrêt* de cette Cour royale, rendu sur les conclu-

sions du même avocat-général, portant la parole
pour M. le Procureur du Roi.

'M. de Maubreuil a attiré sur lui l'intérêt du
scandale. Il ne sera ni étonné, ni fâché de ce
qu'on rappelle des faits qu'il s'efforce lui-même
d'arracher à l'oubli.

EXTRAIT

DES CONCLUSIONS DE M. MAURICE,

AVOCAT-GÉNÉRAL

A LA COUR ROYALE DE DOUAI.

MESSIEURS,

La cause qui nous occupe est importante, non seulement par le nombre et la singularité des faits qu'elle présente, mais encore par la qualité du prévenu et par le haut rang de la personne qui s'est plaint d'avoir été dépouillée par lui.

Les questions à résoudre ont même été jusqu'à présent si controversées, que rien n'a encore été statué définitivement, quoique déjà un Conseil de guerre, un Tribunal de première instance, deux Cours royales et la Cour de cassation aient rendu successivement des jugemens et des arrêts.

Puisse celui que vous porterez naître sous de plus favorables auspices! Puisse-t-il accélérer le moment où le sort du prévenu sera fixé!

Innocent ou coupable, l'incertitude doit être un tourment pour lui.

Le talent admirable qu'a déployé son éloquent défenseur (1), ne nous permet d'aspirer, Messieurs,

---

(1) Me. Couture.

qu'à un seul genre de mérite : celui de l'exactitude et de la précision.

Vous faire d'abord un exposé simple et fidèle des particularités de la cause, telles que l'instruction les présente; vous soumettre ensuite une discussion des points de droit et de fait, sur l'impartialité de laquelle vos consciences puissent se reposer, telle est la tâche que nous allons essayer de remplir, enhardis par l'espoir que vous nous conserverez, dans une occasion aussi solennelle, cette indulgence tutélaire qui, depuis sept ans, a seule soutenu notre faiblesse.

Ce qui pourra contribuer à nous rassurer encore, c'est la connaissance de cette équité inaltérable, qui vous garantit de jamais rien préjuger dans les affaires, avant que le ministère public ait été entendu.

Cet exemple de retenue, de prudence et de sagesse, ne sera pas perdu pour le public, qui afflue dans cette enceinte.

Il se dira que, dans les Tribunaux, quiconque n'a entendu que l'une des parties, n'a rien entendu.

Il attendra comme vous et avec vous, pour se former une opinion, que nous ayons répondu à ces mémoires que l'on a distribués avec profusion, que nous ayons rempli les lacunes et déjoué les réticences qu'ils offrent; que nous ayons réfuté ces manuscrits et ces libelles que l'on a fait circuler clandestinement, et surtout que nous ayons mis au jour des charges et des preuves que le prévenu a dissimulées jusqu'ici quoiqu'elles ressortent de toutes les pages de la procédure.

Lorsque la vérité aura fait ainsi briller ses rayons sur toutes les parties de la cause, sur l'attaque comme sur la défense, chacun pourra (si nos forces toutefois ne trahissent pas nos intentions), se demander, la main sur la conscience, si de Maubreuil est innocent, ou s'il est suffisamment prévenu d'avoir commis le vol qui lui est imputé.

FAITS.

Comme on vous l'a dit, Messieurs, de Maubreuil est né en Bretagne, d'une famille noble et distinguée.

Jeune encore, il embrassa la carrière des armes.

En Westphalie il parvint au grade de capitaine des chevau-légers de la garde; Jérôme le nomma son écuyer.

Il alla, en 1808, avec son régiment faire la guerre d'Espagne et de Portugal.

Ses services lui valurent la décoration de la Légion-d'honneur.

De retour en Westphalie, il quitta le service de cette puissance et revint en France.

De militaire il devint fournisseur.

Associé aux sieurs Devanteaux et de Geslin pour le service des vivres de l'armée de Catalogne, il rompit la société au bout de trois mois; sa mise de fonds lui fut restituée, et de plus, une somme de 275,000 fr., à ce qu'il paraît, lui fut comptée. Cela n'empêcha pas de Maubreuil de rechercher long-temps et de saisir toutes les occasions de témoigner au sieur Devanteaux de l'inimitié et du ressentiment.

Il fit ensuite l'entreprise des remontes de la cavalerie ; mais il l'abandonna bientôt pour conclure, avec le ministre comte de Cessac, un traité par lequel il s'engageait à approvisionner la place de Barcelonne.

Il avait déjà souscrit un grand nombre d'engagemens avec des sous-traitans, lorsque Buonaparte, revenant de Moscow, jugea convenable d'annuler le traité principal.

Ce coup d'autorité ébranla ou renversa même la fortune de Maubreuil.

Dès-lors, de nombreux procès lui furent intentés ; ses biens furent mis sous le séquestre, ses revenus furent saisis.

Nonobstant cet état de pénurie, il offrit au ministre de la guerre, en février 1814, de lever, à ses frais, deux escadrons de cavalerie pour coopérer au soutien du trône chancelant de Buonaparte.

Cette offre demeura sans suite.

Six semaines après, les alliés entrèrent dans Paris ; Maubreuil alors changea de système ; il parut vouloir marcher sur les traces de sa noble famille qui, depuis plusieurs années, versait son sang pour le triomphe de la cause légitime ; il arbora la cocarde blanche ; il proclama le nom révéré de Louis XVIII.

Monté sur la colonne de la place Vendôme, il y

dépensa vingt pièces d'or pour faire abattre, à force de bras et de cordages, la statue qui la surmontait.

C'est là qu'il fit la connaissance du nommé Dasies, ex-garde-magasin de Nogent-sur-Seine.

Dans ces élans d'enthousiasme véritable ou simulé de la part de Maubreuil, il sortit des bornes que prescrivaient la modération et la sagesse; il attacha sa croix d'honneur à la queue de son cheval, et se promena en cet état dans tout Paris.

Il s'était, depuis l'entrée des alliés, réconcilié avec le sieur Devanteaux, chez qui logeait le comte de Sémallé, commissaire de S. A. R. Mgr. le comte d'Artois. Maubreuil se rend un jour, accompagné de Dasies, dans cette maison ; ils y trouvent un sieur Delagrange qui, en vertu de pouvoirs, avait suivi et fait rentrer tout récemment au garde-meuble et au trésor, une valeur que les Buonaparte emportaient, et que l'on estimait à 28 millions.

Dans la conversation, le sieur Delagrange annonce que tous les bijoux de la couronne ne sont pas rentrés ; que notamment des caisses numérotées 2 et 3, que le mameluck Rustan s'était fait remettre par le caissier, n'avaient pas été restituées.

Dasies est à l'instant chargé de découvrir ce mameluck; il y parvient; il en fait rapport à MM. Delagrange et de Maubreuil ; ce dernier manifeste alors l'intention d'aller à la découverte des deux caisses; il en demande l'autorisation formelle à M. de Sémallé, qui la lui refuse.

Sur ce refus, Maubreuil et Dasies se rendent chez le général Dupont, ministre de la guerre, et chez M. le comte Anglés, ministre de la police générale.

Chez l'un et l'autre ministre, Maubreuil déclare qu'il a les moyens de recouvrer les caisses de bijoux de la couronne numérotées 2 et 3; il demande les ordres nécessaires pour assurer les moyens et le succès de cette expédition. Les deux ministres les délivrent, et même en double, parce que Maubreuil leur avait fait part, en leur présentant Dasies, qu'il se l'était adjoint pour cette opération.

Ces deux premiers ordres furent délivrés dans la soirée du 16 avril 1814.

Le lendemain 17, d'autres ordres ayant aussi pour but de faciliter l'exécution de la mission, furent encore expédiés en double par le directeur-général des postes de France (M. Bourienne), par le général en chef de l'infanterie russe, baron Sacken , par le général d'état-major des troupes alliées, baron de Broken-hausen.

Ce qui vient d'être dit, Messieurs, relativement à l'objet et au but de cette mission de Maubreuil et de Dasies, résulte textuellement du compte que Dasies lui-même en a rendu dans un interrogatoire qu'il a subi le 26 avril 1814, immédiatement après son arrestation. Cet interrogatoire, que l'on peut vérifier, est coté n°. 88.

Cependant, tandis que les ordres s'expédiaient, que faisait Maubreuil?

La volonté ne lui était pas venue de rechercher les caisses de bijoux n⁰ˢ. 2 et 3 sur les voitures de Buonaparte, ni sur celles de Joseph, ni sur celles de Jérôme.

Son intention était d'arrêter uniquement les voitures de la princesse Catherine de Wurtemberg, épouse de Jérôme, dont il avait été l'écuyer.

Cette princesse, logée alors dans le palais du cardinal Fesch, rue du Mont-Blanc, se disposait à partir pour Orléans.

Maubreuil et Dasies se mirent à épier avec une extrême vigilance les préparatifs du voyage ; plusieurs fois ils cherchèrent à pénétrer dans le palais.

On informa la princesse, qu'un officier (c'était Maubreuil) se présentait souvent pour demander le jour de son départ ; elle en conçut des inquiétudes : on lui conseilla de prendre une escorte ; malheureusement elle n'en fit rien.

Le 17 avril, Maubreuil et Dasies vinrent encore au palais du cardinal, et s'informant de l'instant du départ, ils donnèrent pour motif, qu'ils avaient un paquet à remettre à Jérôme.

Dès ce moment, ils apprirent que la princesse se mettrait en route dans la journée du lendemain et se résolurent à la suivre.

Ici, Messieurs, un nouveau personnage entre en

scène : c'est le nommé Colleville, ancien garde-du-corps.

Maubreuil, qui le connaissait, alla le trouver, et lui montrant les pouvoirs que les ministres et les généraux alliés lui avaient donnés, il lui proposa de prendre part à sa mission.

Colleville accepta, dans la persuasion que les intentions de Maubreuil étaient pures; celui-ci le fit partir pour Fontainebleau.

Nous ne parlerons plus que transitoirement de Colleville, parce que l'enlèvement des diamans et de l'or fut consommé en son absence et sans sa participation.

Le lundi 18 avril, à trois heures du matin, la princesse Catherine quitta Paris pour se rendre à Orléans.

Le même jour, à midi, Maubreuil et Dasies montèrent dans une calèche et prirent la même route; bientôt ils atteignirent la princesse et demandèrent des chevaux à plusieurs postes en même temps qu'elle.

A celle de Pithiviers, Maubreuil fut instruit par le maire que la princesse allait se rendre à Nemours avec ses voitures et ses fourgons.

Maubreuil et Dasies prirent l'avance; le lendemain 19, ils arrivèrent à Nemours dans la soirée.

Le 20, au matin, ils étaient à Fossard.

Dasies descendit à la poste pour s'informer du moment où devait passer la princesse. Le fils du maître de poste lui dit qu'il l'attendait dans la matinée du lendemain.

Ils partirent pour Montereau, où ils descendirent dans une auberge; Maubreuil, qui, à son départ de Paris, était vêtu en bourgeois, portait alors un uniforme de colonel de hussards, et Dasies un habit de garde-national.

Ils se rendirent à la demeure de l'officier qui commandait les troupes françaises logées dans cette ville, s'annoncèrent comme aides-de-camp du ministre de la guerre, et exhibèrent les divers ordres dont ils étaient porteurs.

Sur leur réquisition, huit mamelucks et chasseurs de la garde furent mis à leur disposition.

A dix heures du soir, laissant leur calèche à Montereau, ils montèrent à cheval; et à onze heures, ils arrivèrent à Fossard, suivis du détachement que l'on avait placé sous leurs ordres.

Ils entrèrent dans l'auberge tenue par le nommé Pierre Faye; Maubreuil appelait Dasies « M. le commissaire. » Il plaça des factionnaires à la porte de l'auberge et de la maison de poste, et des vedettes sur les routes qui conduisent à Fossard; il revint passer la nuit dans l'auberge avec Dasies, au coin du feu.

Nous voici arrivés à un période très intéressant de la cause.

Nous vous supplions, Messieurs, de redoubler d'attention, s'il est possible.

Le 21 avril, à cinq heures du matin, Maubreuil et Dasies remontent à cheval pour aller à la rencontre de la princesse.

Vers sept heures, un courrier vient à la poste de Fossard commander vingt-sept chevaux pour elle; une demi-heure après, la princesse conduite avec le comte et la comtesse de Furstenstein dans une voiture à six chevaux, n'était plus qu'à deux portées de fusil du village de Fossard, lorsqu'elle est arrêtée par Maubreuil et Dasies revêtus de leurs uniformes, à la tête de leurs cavaliers, et se disant, l'un commandant de la force armée, et l'autre commissaire civil.

Ils lui déclarent qu'ils sont chargés de l'arrêter et *de saisir ses malles, parce qu'elle est soupçonnée d'avoir enlevé des diamans de la couronne.*

Elle répond qu'elle est incapable d'une pareille action et demande l'exhibition de leurs ordres.

Ils montrent leurs pouvoirs; le comte de Furstenstein veut en prendre lecture; mais ils les retirent aussitôt de ses mains.

Ils disent à la princesse que l'accomplissement de leur mission exige son retour à Paris.

Elle consent à y retourner; mais bientôt ils changent de résolution et ordonnent aux postillons de conduire jusqu'à Fossard la voiture qui portait les caisses ou malles.

Maubreuil court à la poste et défend de donner des chevaux à qui que ce soit; il consigne le maître de poste dans sa maison avec tous ses domestiques.

Il s'empresse de retourner sur la route pour faire avancer la voiture de la princesse et celle qui était chargée de ses effets, tandis que des chasseurs et des mamelucks, le sabre à la main, font rétrograder les voitures de sa suite vers le chemin de Fontaine-bleau.

La voiture de la princesse et celle où étaient les caisses sont conduites à l'auberge de Faye, à côté de la poste.

La princesse descend; Maubreuil et Dasies la font entrer dans une espèce de grange ou d'écurie.

Ils lui répètent du ton le plus dur et le plus impérieux le contenu de leurs ordres.

Ils refusent de prendre connaissance des passeports qui lui avaient été délivrés par les empereurs d'Autriche et de Russie.

Maubreuil écrit au commandant de Montereau pour lui demander, en vertu des ordres du ministre de la guerre, un second détachement de douze chasseurs; son billet est porté par un postillon.

Il charge le maître de poste d'envoyer un autre postillon et deux chevaux à Montereau, pour en ramener sa calèche qu'il y avait laissée la veille.

Il va rejoindre la princesse dans la grange, et la somme de faire décharger la voiture : puis s'adressant à Dasies :

« Allons, Monsieur le commissaire, faites donc
» débarrasser les caisses; quant à moi, je ne fais
» qu'exécuter les ordres du gouvernement. »

La princesse ordonne à ses domestiques d'apporter dans l'écurie toutes ses caisses ; elles étaient au nombre de onze :

Sept, renfermant ses bijoux et ses diamans ;

La huitième, contenant ceux de Jérôme, qui en avait gardé la clef ;

La neuvième, une petite caisse carrée, enveloppée dans un sac, et contenant 84,000 francs en or, que la princesse destinait à ses frais de voyage ;

La dixième, une écritoire complète ;

La onzième, des objets de toilette.

Maubreuil et Dasies demandent les clefs de ces caisses ; comme on hésitait à les satisfaire, ils menacent la princesse de la traiter encore plus durement, et d'enfoncer les caisses, si les clefs ne leur sont remises à l'instant.

Elle les leur donne toutes, excepté celle de la caisse n°. 8, qui était restée entre les mains de son époux.

Elle veut que l'on ouvre les caisses en sa présence, pour faire voir qu'elle n'emporte rien à la couronne de France.

On n'en ouvre que trois ou quatre ; une ou deux renfermaient des diamans ; le comte de Furstenstein représente qu'il est inutile d'ouvrir les autres. Dasies et Maubreuil disent : « Nous voyons bien ! nous voyons bien ! » Les caisses sont refermées et reportées dans la voiture : on n'enlève rien de ce qu'elles contiennent ; Maubreuil en conserve les clefs ; qu'il met dans la poche droite de son pantalon.

En attendant le second détachement de troupes qu'il avait demandé à Montereau, Maubreuil se met à déjeuner avec Dasies dans une chambre de l'auberge, au rez-de-chaussée.

La princesse refuse d'y entrer ; elle reste dans la cour ou dans l'écurie ; une femme lui apporte une chaise pour s'asseoir.

Pendant le déjeuner, entre neuf et dix heures, un lieutenant arrive de Montereau avec douze hommes, chasseurs et mamelucks.

On dit à ces militaires que la princesse venait d'être arrêtée, parce qu'elle emportait les diamans de la couronne ; on place quatre factionnaires ou vedettes, pour empêcher les voyageurs d'entrer dans l'auberge, et même d'approcher du village.

Malgré cette consigne, des marchands venant de Sens pénètrent dans l'auberge ; Maubreuil met en réquisition la patache ou voiture d'osier couverte de toile, attelée de deux chevaux, qui les avait amenés.

Maubreuil et Dasies se rendent de nouveau près des voitures de la princesse ; ils en font descendre dans l'écurie, et pour la seconde fois, les caisses, qu'ils ordonnent ensuite de charger sur la patache.

La princesse dit alors à Maubreuil, qu'elle l'avait reconnu pour l'un de ses anciens écuyers : « Quand on » a mangé le pain des gens, on ne se charge pas d'une

2

» pareille mission ; ce que vous faites est abominable !
» — Je ne suis, répond-il, que le commandant de la
» force armée ; parlez au commissaire ; j'exécuterai
» tout ce qu'il voudra. »

Elle s'adresse à Dasies : « Vous me dépouillez de
» tout ce qui m'appartient ; le Roi n'a jamais donné
» de pareils ordres ; je vous jure sur mon honneur et
» foi de reine (elle l'était alors), que je n'ai rien à la
» couronne de France ! »

» — Vous nous prenez pour des voleurs, répond
» Dasies ; je vais vous montrer que nous avons des
» ordres ; il faut faire partir ces caisses. »

En ce moment, il remarque le sac renfermant la petite caisse carrée, extrêmement lourde, et entourée de
ruban de fil. La princesse déclare que cette caisse contient son or. Maubreuil et Dasies se retirent comme
pour délibérer. Ils se rapprochent, et ordonnent au
commandant des mamelucks d'emporter cette caisse
avec les autres.

« Est-il possible, s'écrie la princesse en pleurant,
» que vous preniez ainsi mes bijoux et mon argent, et
» que vous m'exposiez à rester au milieu d'un che-
» min avec toute ma suite. » A ces mots, elle s'éva-
nouit.

Lorsqu'elle a repris ses sens, elle demande à parler
à Maubreuil, et le prie à chaudes larmes de lui rendre
son or, s'il la privait de ses bijoux. « Madame, lui ré-
» pond Maubreuil, je ne suis que l'exécuteur des or-

» dres du gouvernement; je dois rendre vos caisses
» intactes à Paris; tout ce que je puis faire pour vous,
» c'est de vous donner ma ceinture; elle contient cent
» pièces d'or de vingt francs. »

Plusieurs fois elle refuse la ceinture; mais, d'après le conseil du comte de Furstenstein, elle l'accepte.

Le comte vérifie le nombre de pièces d'or qu'elle contient; il n'en trouve que quarante-quatre, qui, depuis, ont été déposées, avec la ceinture, entre les mains du juge de paix du canton de Pont-sur-Yonne.

Toutes les caisses ayant été chargées sur la patache, Maubreuil et Dasies donnent l'ordre d'y atteler deux chevaux, et de faire partir cette voiture par la route de Fontainebleau, sous l'escorte de quelques chasseurs.

En même temps, ils commandent des chevaux pour la princesse, et ordonnent de la conduire à Villeneuve-la-Guyare.

Elle se récrie; elle proteste qu'elle accompagnera jusqu'à Paris son or et ses bijoux; Maubreuil et Dasies disent qu'ils ne le veulent pas; elle demande qu'au moins il lui soit permis de faire escorter ses caisses par une personne de confiance; elle essuie encore un refus.

La patache s'éloigne avec rapidité.

A midi, on fait remonter la princesse en voiture, et on la force de partir pour Villeneuve-la-Guyare, sous l'escorte de deux chasseurs qui l'accompagnent jusqu'à deux lieues de Fossard.

Ils la quittent à cette distance, ayant aperçu un détachement de cavalerie wurtembergeoise qui s'avançait.

Vous savez maintenant, Messieurs, de quelle manière s'est opéré l'enlèvement des diamans et de l'or; mais ces notions ne peuvent encore vous suffire pour déterminer quelle espèce de prévention s'élève contre Maubreuil; il est indispensable que vous acquériez aussi une connaissance approfondie des faits qui ont suivi ce premier événement.

Après le départ de la princesse, Maubreuil prescrivit au maître de poste de Fossard de ne donner de chevaux à personne dans les trois heures qui suivraient son départ.

Maubreuil et Dasies sortirent du village avec leur calèche, que l'on avait ramenée de Montereau; ils rejoignirent la patache sur la route, et arrivèrent à Chailly (deux lieues au-dessus de Fontainebleau), à six heures du soir.

Ils demandèrent des chevaux; mais comme le maître de poste, qui était aussi maire de la commune, ne pouvait leur en donner le soir même, il se firent délivrer par lui des billets de logement pour eux et leur escorte. On leur assigna l'auberge du *Cheval-Blanc*, tenue par le nommé Belon.

Ayant choisi une chambre au premier étage, ils y font transporter les caisses de la patache. En les déchargeant, un garçon d'écurie remarque, au fond du panier de cette voiture, la petite caisse de bois blanc entourée de ruban de fil ; il veut la soulever, mais elle est d'un si grand poids qu'elle se défonce ; on retire alors de la patache plusieurs sacs que l'on replace dans la caisse que l'on venait de rajuster un peu ; Maubreuil la transporte lui-même, non sans de grands efforts, jusqu'à sa chambre.

Sur son ordre, le fils de l'aubergiste monte sur l'impériale de la calèche ; il en détache une vache en cuir, qui, à son poids, lui paraît vide.

Lorsque cette vache et les caisses furent dans la chambre, Maubreuil en examina la serrure, et ne l'ayant pas trouvée assez solide, il jugea prudent de faire transporter le tout dans une chambre voisine dont il prit la clef.

Avant de se mettre au lit dans la même chambre avec Dasies, il demanda s'ils étaient en sûreté.

Le lendemain, 22 avril, à deux heures et demie du matin, ils firent replacer la vache sur l'impériale de la calèche ; le postillon chargé de cette besogne, ne trouva pas cette vache légère, et ne la jugea pas vide, comme l'avait fait, la veille, le fils de l'aubergiste ; il la trouva au contraire fort lourde.

Une caisse assez petite, recouverte de cuir, et qui paraissait pesante (c'était le nécessaire de Jérôme), et la caisse brisée la veille, qui laissait apercevoir des sacs d'argent dans les interstices de ses planches mal rejointes, ne furent plus rechargées sur la patache avec les autres ; Maubreuil et Dasies les firent placer dans l'intérieur de leur calèche.

Cela fait, ils renvoyèrent le lieutenant avec sa troupe, dont ils ne gardèrent que trois hommes; ils commirent ces trois cavaliers à la garde de la patache jusqu'à Paris; Maubreuil recommanda à deux d'entr'eux de rester avec les trois chevaux hors des barrières, et au troisième de conduire seul la voiture à sa destination chez le sieur Devanteaux, rue Taitbout, n°. 18, pour lequel il lui remit une lettre.

La patache et la calèche partirent ensemble de Chailly; elles passèrent aussi ensemble à Ponthierry, à Essonne, à Fromenteau; elles arrivèrent à Villejuif; là les deux voitures se séparèrent.

La patache continua de s'acheminer vers Paris avec son escorte, et arriva à midi chez le sieur Devanteaux.

Maubreuil et Dasies, au lieu de suivre la route de Paris, prirent celle de Versailles par Berny.

Arrivés à Versailles, ils se firent conduire dans différentes auberges; n'ayant point trouvé d'appartement à leur gré, ils revinrent à l'auberge du *Merle Blanc*, où ils s'étaient présentés d'abord.

Ils choisirent une petite chambre sur le derrière, éclairée par une seule fenêtre garnie de barreaux de fer, et faisant face à un gros mur, en sorte que personne n'a vue sur cette pièce obscure, qui ressemble à une prison, comme ils le remarquèrent eux-mêmes.

Ils demandèrent à l'hôtesse si la serrure était bonne, et s'il y avait des voisins; elle leur répondit que la serrure était solide, et que le plus proche voisin était un homme âgé et fort tranquille.

Ils firent monter dans la chambre les deux caisses et la vache; la vache pesait environ cinquante livres; ils recommandèrent de la porter avec précaution et de ne la pencher ni la secouer, parce qu'elle renfermait quelque chose de *casuel.*

Ils firent allumer du feu dans leur chambre.

Un instant après, ils ordonnèrent d'aller leur chercher un serrurier; on en fit venir un qui, par ordre de Maubreuil et de Dasies, essaya d'ouvrir la serrure de la caisse enveloppée de cuir jaune, dont ils disaient avoir égaré la clef.

Ce serrurier, qui était vieux, ne put y parvenir.

On alla en chercher un autre, qui, à l'aide d'un crochet, réussit à ouvrir la serrure, et ne souleva qu'un peu le couvercle pour s'assurer que la caisse était ouverte, sans rien voir de ce qu'elle contenait. (La caisse ne fut refermée que trois heures et demie après, par le même ouvrier.)

Après le départ de ce serrurier, Maubreuil et Dasies chargent le beau-frère de l'aubergiste de leur retenir un carrosse de remise pour aller à Paris.

Une voiture est retenue. Le commissionnaire remonte à la chambre de Maubreuil et de Dasies pour leur rendre compte de ce qu'il a fait; il les trouve enfermés la clef en-dedans; il leur parle à travers la porte; ils répondent : « Nous passons nos chemises,

» vous reviendrez. » A trois heures, la fille du loueur de voiture s'impatiente et vient demander l'heure du départ. On la conduit à la porte de la chambre; elle frappe. Maubreuil et Dasies, tenant toujours leur porte fermée, demandent ce que l'on veut. On leur dit : « C'est le loueur de voiture qui fait demander » l'heure ! — Oh bien, répondent-ils, nous sommes » en train de faire notre correspondance, qu'on re- » vienne dans une heure. » La fille se retire mécontente, et la voiture est louée à d'autres personnes.

A cinq heures, ils demandent un commissionnaire sûr pour envoyer une lettre à Paris. Ils la confient au beau-frère de l'aubergiste, qui se charge de la porter dans la soirée, et qui exécute sa commission. Cette lettre était à l'adresse de Prosper, chez le sieur Vibain, rue Saint-Honoré. Ces mots étaient écrits sur l'enveloppe : « Pressée et six francs au porteur. »

Quelque temps après, Dasies sort de l'auberge, et revient au bout d'une demi-heure, ayant à la main un petit paquet de ouate, et accompagné d'un jeune homme qui portait des caisses d'acajou de la grandeur d'un carton ordinaire. Le jeune homme les dépose, est payé au bas de l'escalier, et s'en va.

Les deux voyageurs se renferment de nouveau dans leur chambre.

Ils dînent à six heures et demie.

Vers huit heures, ils envoient à la poste commander des chevaux.

La vache est rechargée sur l'impériale de la calèche; les deux caisses sont replacées dans l'intérieur,
et la servante déclare que la plus grande (c'est-à-dire
celle couverte en cuir jaune, qui devait contenir les
diamans de Jérôme et que l'on venait de faire refer-
mer par le serrurier) lui parut moins pesante que le
matin.

Les boîtes d'acajou que Maubreuil venait d'acheter
sont aussi placées dans la voiture.

Maubreuil et Dasies partent de Versailles à neuf
heures; à dix, ils relayent à Sèvres, et arrivent à Paris vers onze heures.

Avant de rendre compte des circonstances de leur
arrivée, il est nécessaire de rapporter ce qui se passa
chez le sieur Devanteaux, lorsque la patache y fut
rendue.

Le chasseur chargé de l'escorter y arriva vers
midi; il remit sa lettre : madame Devanteaux enten-
dant parler de Maubreuil, fit un geste de mécontea-
tement et dit : « Ah, mon Dieu, toujours entendre
» parler de ce mauvais sujet! »

Le militaire parut surpris de ce qu'il n'était pas encore arrivé, ajoutant qu'il allait venir dans sa voiture
et qu'il apporterait bien d'autres caisses. La patache
était alors dans la cour; des officiers de la garde na-
tionale et des amis du sieur Devanteaux étaient à déjeuner avec lui; l'un d'eux fit observer qu'il avait tort
de recevoir les caisses, et qu'il devait se défier de

Maubreuil. Le sieur Devanteaux répondit que c'était un service à rendre au Gouvernement, et qu'il n'y avait point de danger. Il ordonna de monter les caisses dans son appartement, et les fit placer dans un cabinet attenant à sa chambre à coucher.

Il se rendit aux Tuileries, y annonça l'arrivée des caisses; on lui conseilla de les faire déposer à la secrétairerie-d'état : on le remit pour cette opération au lendemain.

Il fut passer la soirée en ville; en rentrant à une heure du matin (nuit du 22 au 23 avril), il trouva à sa porte Maubreuil et Dasies qui l'attendaient.

Voici maintenant ce que ces derniers avaient fait dans les deux heures qui s'étaient écoulées, depuis leur arrivée à Paris jusqu'au moment de cette entrevue.

Nous avons déjà dit que Maubreuil envoya de Versailles à Paris une lettre adressée à Prosper Barbier, son domestique : cette lettre fut remise à Prosper le même jour 22 avril, à huit heures du soir; son contenu dut le surprendre. Maubreuil, qui déjà avait, à sa disposition, trois appartemens dans Paris, le premier, rue Taitbout, n°. 24; le second, rue Cérutti, n°. 16, et le troisième, rue Neuve-de-Luxembourg, n°. 25, lui enjoignait de chercher sur-le-champ un nouveau local, et de le prendre à l'hôtel Virginie tenu par le sieur Gontier, près la place Vendôme.

Prosper s'y rendit et n'obtint du sieur Gontier, qu'à

force d'instances, deux petites pièces pour une seule nuit : il y attendit son maître.

A onze héures, Maubreuil et Dasies arrivent dans leur calèche.

Prosper, aidé par son maître et par Dasies, retire de la voiture ce qu'elle contenait. Le portier de l'hôtel Virginie et sa fille remarquent une vache, un coffre, deux boîtes d'acajou, des cartons, un sac de nuit et un porte-manteau. Prosper décharge aussi la caisse à demi-brisée.

A minuit, Prosper sort, et dix minutes après il revient avec deux fiacres.

Il monte dans la chambre de son maître et en descend la vache qu'il met dans l'un des fiacres ; il retourne dans l'appartement et redescend les deux boîtes d'acajou qu'il met aussi dans le même fiacre ; il s'y place ensuite à côté de son maître.

Dasies monte dans l'autre fiacre : il va chez une dame de sa connaissance, n'y reste qu'un quart-d'heure, et de-là se fait mener rue Taitbout, n°. 18, chez le sieur Devanteaux.

Quant à Maubreuil, lorsque la fille du portier de l'hôtel Virginie fut rentrée, il ordonna au cocher de le conduire rue Neuve-de-Luxembourg, n°. 25.

Il est essentiel d'observer que, le 20 mars précédent, Prosper avait loué sous son nom, mais pour le compte de son maître, trois petites pièces à l'entresol

de cette maison ; son maître lui avait défendu d'indi-
quer ce local à qui que ce fût.

Le fiacre s'étant arrêté à la porte de cet hôtel, rue
Neuve-de-Luxembourg, Prosper frappe et se nomme.
La femme du portier lui ouvre et lui donne de la lu-
mière ; elle le voit monter une vache à son appartement ; le cocher remarque qu'il y porte aussi deux
boîtes. Prosper redescend et remonte dans le fiacre
qui attendait à la porte, et où il paraît que Maubreuil
était resté.

On donne ordre au cocher d'aller rue Taitbout,
n°. 18, chez le sieur Devanteaux.

Dans cette rue, le fiacre de Maubreuil et celui de
Dasies se rejoignent ; Dasies descend du sien et monte
dans celui de Maubreuil.

Quelques minutes après arrive la voiture du sieur
Devanteaux, qui revenait de passer la soirée en ville,
comme nous l'avons dit. Maubreuil et Dasies entrent
avec lui dans son hôtel.

En présence de M. de Geslin, il leur fait compli-
ment d'avoir fait rentrer un nouveau trésor ; il leur
dit que ce trésor était dans un cabinet au chevet de
son lit ; il ouvre la porte de ce cabinet et leur montre
les caisses.

Il leur fait cependant observer, après le récit de
leur expédition, que la princesse Catherine n'était pas
Française, et que les objets qu'on lui avait pris pou-
vaient lui appartenir ; à quoi Maubreuil réplique,

qu'en révolution tout est bon à prendre; qu'au surplus il avait des ordres.

Le sieur Devanteaux leur représente qu'au moins ils auraient dû faire apposer le scel de la princesse sur les caisses; ils objectent qu'ils n'en ont pas eu le temps, craignant l'arrivée des troupes wurtembergeoises.

Il demande s'ils ont les clefs des caisses; Dasies répond qu'il avait eu ces clefs, mais qu'il croyait les avoir remises au lieutenant des chasseurs de Monte-reau.

Cette allégation est fausse.

On leur demande d'autres explications.

Un colloque a lieu entre Dasies et Maubreuil; ils paraissent embarrassés; ils ont l'air égaré et battent la campagne.

Madame Devanteaux qui, d'un appartement con-tigu entendait ce qui se disait dans celui de son mari, s'étonne de ce que pour venir de Fontainebleau à Paris, Maubreuil et Dasies aient passé par Versailles; cette particularité augmente la défiance que lui ins-pirait Maubreuil.

Celui-ci annonce le projet d'aller le lendemain chez le général Dupont, ministre de la guerre.

Avant de partir, il dit : « Demain je vous apporterai » bien d'autres caisses. »

A deux heures et demie, Maubreuil et Dasies se re-tirent et viennent passer le reste de la nuit à l'hôtel Virginie. Prosper va coucher rue Cérutti, n°. 16.

A cinq heures du matin, Prosper revient à l'hôtel Virginie avec deux fiacres et un cabriolet.

On y place un grand nombre de paquets enveloppés dans des mouchoirs et des serviettes. L'un de ces paquets paraît contenir un carton et quelque chose d'assez élevé et d'un certain poids; on monte dans les voitures où ces effets avaient été déposés, et l'on part.

Dans la matinée le bruit se répand que l'empereur Alexandre, à qui la princesse Catherine avait adressé sa plainte, était indigné des outrages qu'elle avait reçus; Maubreuil apprend qu'on menace de le faire fusiller.

Il prend le parti de se retirer au bois de Vincennes.

Il existe au procès une lettre que Maubreuil adressa, au sujet de cette retraite momentanée, au sieur Henri Frimont (nom supposé), poste restante, à Rouen.

Voici quelques passages de cette importante lettre, datée du 27 avril :

« Je suis à la veille d'éprouver une longue persé-
» cution; elle paraît indispensable. Je ne puis parler,
» et mon parti est pris irrévocablement.....

» Retenez bien ceci : Prosper est bien venu avec
» moi à Vincennes; il s'y est promené, mais il n'a rien
» vu ni pu voir de notre affaire d'honneur. Il ne
» connaît ni le lieu, ni le témoin; L..... seul vous
» fera tout savoir par la note. Soyez sûr de ce que je
» vous dis : je suis resté seul dans le bois.

» Ainsi soyez tranquille; vous me connaissez! Ce
» secret mourra avec moi, et croyez qu'après moi vous
» seul en êtes propriétaire. Ne craignez rien : les ar-
» bres savent garder le silence! De votre côté n'ou-
» bliez pas ces fidèles témoins. Venez tous les ans à
» Vincennes, jusqu'à ce que vous ayez fait des place-
» mens ailleurs ; achetez-y une propriété.....

» Encore une fois, ni Prosper, ni la Poirier, ni
» personne au monde ne connaît mon affaire du bois
» de Vincennes. »

Maubreuil à qui cette lettre fut représentée, la reconnut, prétendant néanmoins que ce n'était qu'un
brouillon dans lequel il avait parlé du bois de Vincennes seulement pour se désennuyer.

Cependant il ne resta pas long-temps dans le bois;
il reparut à Paris dans la soirée.

Voyons ce qui se passa dans cette journée, tant au
gouvernement provisoire que chez le sieur Devanteaux.

A sept heures du matin celui-ci se rendit aux Tuileries; il vit MM. d'Escars, de Montciel et de Vitrolles. On lui donna l'ordre de faire transporter les
caisses à la secrétairerie-d'état : peu après on chargea
ces caisses sur la voiture qui les avait amenées la
veille, et elles furent conduites aux Tuileries.

Prosper Barbier vint chez le sieur Devanteaux pour
lui dire que son maître désirait lui parler.

« Je ne veux pas y aller, lui répondit le sieur De-

» vanteaux. Va dire à ton maître que s'il ne veut pas être
» fusillé, il rapporte lui-même tous les diamans, les
» bijoux et l'argent que l'on dit qu'il a pris à la prin-
» cesse Catherine ! »

Par suite de cette menace, la caisse qui devait contenir les diamans de Jérôme, fut apportée chez le sieur
Devanteaux par un homme de peine qui la trouva
très légère et qui la déposa dans la loge du portier de
l'hôtel.

Vers onze heures trois quarts, Prosper revint.
MM. de Geslin et de Sémallé lui dirent que s'il ne
rapportait l'autre caisse renfermant quatre sacs d'or,
les Russes feraient fusiller son maître.

A une heure de la nuit (celle du 23 au 24), Maubreuil se présenta enfin avec son domestique. Celui-ci
portait des sacs qui paraissaient remplis d'argent ; il les
pose sur le billard. Le comte de Sémallé s'approche
pour toucher l'un de ces sacs ; mais le domestique, par
un mouvement qui paraît machinal, porte la main
sur le sac, en sorte que M. de Sémallé ne peut le toucher.

Maubreuil dit en entrant : « Eh bien ! la voilà cette
» s..... caisse ; que me veut-on ? Est-ce qu'on veut me
» chercher de la vermine à la tête. »

Après quelques autres propos, MM. Devanteaux,
Gaudin, Maubreuil et son domestique, montent en
voiture et se rendent chez M. de Vitrolles.

Il était une heure et demie du matin, M. de Vitrolles les reçoit ; Maubreuil lui remet les quatre sacs ainsi que les débris de la caisse.

« Est-ce là tout, demande M. de Vitrolles ? — Ma » foi, répond Maubreuil, cette caisse s'est défoncée » dans la route; il y avait un paysan assis dessus : je » n'ai retrouvé que cela ; je ne sais pas s'il y en avait » davantage. »

Dans la soirée du 24 avril, Maubreuil et Dasies re-virent M. de Geslin. Le premier lui dit : « Eh bien ! » ils sont contens, ils ont tout maintenant; cependant » ils me demandent encore un sac ; je ne sais pas ce » qu'il est devenu. Il ajoute qu'il y avait un pékin » dans la voiture, et qu'il avait eu peur et s'en était » allé. » Dasies prend la parole et dit : « Bah ! ces sacs » ont l'air de ne contenir que des pieces de 20 sous et » de 10 sous ! » Ce qui fit dire à M. de Geslin : «Je ne » suis ni roi ni reine, et je n'ai jamais emporté de ces » sortes de pièces en voyage. »

Vous remarquerez, Messieurs, que ce propos pro-phétique fut tenu avant l'ouverture des sacs, qui n'eut lieu que quelques jours après. On n'y trouva effecti-vement que des pièces de 20 sous et de 10 sous.

Le lendemain 25 avril, Maubreuil et Dasies reçu-rent l'invitation de se rendre à huit heures du soir à la secrétairerie-d'état ; ils y furent arrêtés.

A onze heures et demie, un commissaire de police appelé au palais des Tuileries, apposa les scellés sur les caisses et sur les sacs d'argent qui y avaient été dé-posés. Il transporta ensuite le tout à la préfecture de police, où il le plaça dans une pièce, dont il garda la clef.

Un moment après son arrestation, Maubreuil fit porter à son domestique Prosper la lettre suivante : « Dis à ta femme de faire ensabler le dernier vin » qu'elle a reçu ; s'il venait à tourner, ce serait un » grand malheur. Dis à Henri de bien travailler.... Je » compte bien sur ta femme, dis-le lui. Si ce vin ai- » grissait, ce serait un malheur irréparable ; qu'elle » en ait bien soin ; qu'elle n'en fasse boire à per- » sonne,.... Donne un bout de reçu, afin que je sache » si tu as ma lettre. »

Cette lettre mystérieuse donna lieu à des recher-ches. On arrêta Prosper le lendemain 26 ; on l'inter-rogea : il déclara qu'il n'était pas marié ; qu'il n'avait aucune connaissance du vin en question.

On fit des visites et des fouilles dans les divers do-miciles de Maubreuil ; ces perquisitions furent infruc-tueuses. On apposa les scellés sur les portes de ses di-vers appartemens.

Le même jour, le commissaire de police vint à la préfecture ; là, en présence de Maubreuil, de Dasies, de la dame Mallet de la Rochette, attachée à la prin-cesse Catherine, du sieur Devanteáux et de deux bi-joutiers, il fit la levée des scellés apposés la veille sur les caisses et les sacs. On trouva dans les quatre sacs, au lieu de la somme de 84,000 francs en or, celle de 2,000 francs en pièces d'un franc et d'un demi-franc. On fit la description de plusieurs bijoux trouvés dans les caisses, la plupart sous doubles fonds; le tout fut remis sous le scellé et déposé chez le caissier de la préfecture de police.

En définitive, il a été reconnu qu'il existait un énorme déficit en diamans et en bijoux dans les différentes caisses; cela résulte d'un procès-verbal coté n°. 5o, dressé sur la déclaration et les renseignemens de la dame Mallet de la Rochette et du baron de Marinville, grand-maître de la garde-robe de Jérôme.

L'ambassadeur de S. M. le roi de Wurtemberg évalue ce même déficit à deux millions de francs environ.

Le 4 mai, le commissaire de police Reveau, rue Neuve-de-Luxembourg, n°. 25, fit perquisition en présence de Prosper dans les chambres que celui-ci avait louées sous son nom. Il y trouva plusieurs effets, particulièrement, entre le lit de plume et le matelas, une boucle d'oreille en or, montée de trois émeraudes, une autre partie de la même boucle d'oreille avec émeraude et un rubis sans monture. On trouva de plus un petit papier cacheté, portant pour suscription le n°. 14, et dans l'intérieur, ces mots : « État n°. 21, n°. 14, pre. de 6 1/2. G. » Il y avait un brillant enveloppé dans ce papier.

M. de Marinville reconnut ce brillant, et déclara que les mots écrits sur le papier qui lui servait d'enveloppe, étaient de sa main; que ce brillant appartenait à Jérôme et faisait partie de cent quatre-vingt-dix brillans enveloppés chacun dans un semblable morceau de papier, qui avaient été placés dans l'écrin, et emportés par la princesse, lors de son départ de Paris.

De son côté, madame Mallet de la Rochette reconnut la boucle d'oreille en or montée de trois émeraudes, le fragment de la même boucle garnie d'une émeraude, et l'émeraude non montée, pour faire partie d'une parure de la princesse et avoir été placés dans les caisses.

Le 10 mai, le commissaire de police procéda, en présence de Prosper et dans le même appartement, à une nouvelle perquisition, dont le résultat fut la découverte, 1°. d'un petit paquet de coton fin; 2°. d'un coussin en carton couvert de velours blanc, paraissant destiné à couvrir l'une des boîtes de diamans ou à y servir de compartiment, et 3°. d'un petit fragment d'or, en forme de vis.

Un joaillier qui avait travaillé pour la princesse Catherine à Cassel et à Meudon, et à qui on les représenta, déclara que le coussin et le fragment d'or lui paraissaient dépendre de l'écrin de la reine; que le coussin devait former un compartiment et le fragment d'or faire partie d'une ceinture.

Le commissaire fit alors l'ouverture des différentes caisses; il remarqua dans quelques-unes des coussins servant à compartiment et formés d'un carton couvert de velours blanc, pareil à celui du coussin trouvé rue Neuve-de-Luxembourg.

Il semble, Messieurs, que dans cette cause, tout devait être extraordinaire, même la manière dont on découvrirait une partie des diamans et des bijoux enlevés à la princesse.

Le dimanche 3 juillet, un nommé Hénet s'amusait à pêcher dans la Seine; ayant retiré sa ligne, il sentit que quelque chose était accroché à l'hameçon; c'était un peigne tout souillé de boue. Un militaire qui regardait, dit : « Voilà une singulière pêche! » Il offrit trois francs du peigne. Hénet refusa de le céder à ce prix : il l'aurait donné pour six francs.

Dans l'après-dîner, le peigne fut présenté à un bijoutier, qui déclara qu'il n'avait point été fait pour 5,000 fr., et qu'il le prendrait bien pour 3,000.

Le lendemain, Hénet retourna sur la rive de la Seine. Cette fois, sa ligne amena deux peignes d'or garnis de perles et de diamans, et un brasselet aussi d'or enrichi d'une pierre précieuse.

Ces particularités vinrent à la connaissance d'un inspecteur-général de police; il apprit aussi que depuis lors, la femme Hénet avait payé toutes ses dettes, et qu'on l'appelait dans son quartier l'héritière de la couronne.

Le 3o juillet, un commissaire de police fit une visite domiciliaire chez Hénet; il y saisit trois peignes, ainsi qu'une somme de 88o francs, provenant de la vente des diamans que l'on avait détachés de l'un de ces bijoux.

On les représenta à madame Mallet de la Rochette;

elle ne put reconnaître celui qui avait été dégarni; mais elle affirma que les deux autres avaient fait partie de l'écrin de la princesse, et des objets enlevés à Fossard.

Les 2 et 3 août, la police mit en œuvre sept plongeurs, qui retirèrent du fond de la Seine quantité de bijoux garnis de perles et de diamans.

Quelques jours après, on établit un batardeau au même endroit; on mit à sec tout l'espace qu'il renfermait, on en passa les terres au tamis; et quelques brillans, des turquoises, des perles, des morceaux d'or et un collier furent encore recouvrés.

Le tout fut aussi reconnu pour provenir de l'écrin de la princesse.

Voilà, Messieurs, les principaux faits de cette cause; nous les avons dégagés d'une foule de circonstances étrangères à Maubreuil, et qui ne concernaient que les nommés Dasies, Colleville, Prosper Barbier, Fraiteur, Muller et Hénet, dont la mise en liberté a été ordonnée; nous avons ensuite énoncé ces faits sans développemens, sans commentaires, sans réflexions.

Que Maubreuil les discute à son tour! qu'il adopte pour sa défense un système tout différent de celui qu'il a suivi jusqu'à ce jour; qu'il ne rejette plus à l'écart, qu'il ne laisse plus sans réponse et sans réfutation les charges et les preuves qui s'élèvent contre lui, pour nous entretenir de fables et de romans, qui n'ont avec son affaire ni liaison, ni rapport; qu'il ne se borne plus surtout à soutenir, comme il le fait dans son manuscrit, qu'il serait indigne d'un homme comme lui, issu d'une famille illustre, de se disculper d'une imputation de vol; que 84,000 fr. et des caisses de diamans ne sont rien, eu égard à ses espérances de fortune et à son ambition; qu'il ne répète plus enfin, que si Prosper, son valet-de-chambre, avait voulu prendre pour lui les 84,000 fr., il l'aurait laissé faire et ne lui en aurait dit mot.

Nous répondrions à d'aussi ridicules jactances, que l'homme dont la naissance et la famille sont illustres, n'est pas plus exempt que celui dont l'origine est obscure, de donner à la justice les explications qu'elle lui demande;

Que cet homme est même, quand il vient à être convaincu et condamné, bien plus méprisable qu'un autre, pour avoir dévié du sentier d'honneur et de vertu que ses ancêtres lui avaient tracé.

Nous lui ferions observer que huit caisses de diamans et 84,000 fr. en or, ne seront jamais considérés comme une bagatelle, par des magistrats obligés de réprimer, par des arrêts de condamnation, des vols de comestibles ou de quelques chétives pièces de monnaie, que souvent la misère et la faim ont seules occasionnés.

Quant à ses espérances de fortune, nous ferions remarquer que, lors de l'expédition de Fossard, elles étaient complètement déçues; que, de son propre aveu, l'annulation du traité pour l'approvisionnement de Barcelonne, avait eu pour effet de lui laisser plus de dettes que de biens, et qu'à cette époque ses créanciers le poursuivaient pour une somme de 3oo,ooo fr.

Que Maubreuil aborde donc franchement les charges, et qu'il nous explique :

1º. Comment il a pu se faire que cette vache, que l'on descendit de la calèche à Chailly, et que l'on jugea vide, tant elle était légère, se soit trouvée le lendemain fort pesante, lorsqu'on la rechargea, et même remplie d'objets fragiles, lorsqu'à Versailles on la descendit de nouveau de la voiture;

2º. Quel pressant motif put le porter à quitter à Villejuif la patache chargée de caisses d'une immense valeur présumée, et à s'écarter de la route directe de Paris, pour aller à Versailles se renfermer dans la chambre la plus obscure qu'il put trouver;

Pourquoi, dans cette auberge, Dasies et lui avaient un air si décomposé, que plusieurs personnes de la connaissance de l'aubergiste, qui se trouvaient chez elle, ne craignirent pas de lui dire qu'elles parieraient que ces Messieurs étaient des voleurs déguisés;

3º. Quelle nécessité l'obligea à faire crocheter le nécessaire de Jérôme, et à se renfermer à double tour, pendant trois heures et demie, dans la chambre où il était ouvert, donnant pour prétexte, ou qu'il faisait sa correspondance, ou qu'il passait sa chemise;

4º. Par quels moyens il se procura, dans cette auberge de Versailles, des objets si délicats et si précieux, qu'il dut faire acheter de la ouate pour les envelopper, et deux boîtes d'acajou pour les renfermer;

5°. Quelle raison il eut de chercher à dérouter ceux qui auraient été tentés d'épier ses démarches, en descendant à l'hôtel Virginie, où il avait fait retenir un logement le soir même, tandis qu'il avait déjà trois appartemens à sa disposition dans Paris;

6°. Quelle inquiétude lui causaient cette vache et ces boîtes d'acajou subitement remplies, sans qu'il explique comment, pour qu'à peine arrivé d'une heure à l'hôtel Virginie, il s'empressât de les transporter, à minuit, rue Neuve-de-Luxembourg, dans un appartement loué sous un autre nom que le sien;

7°. Quelle nouvelle alarme l'avait saisi, lorsque le lendemain à cinq heures du matin, il retira de ce même hôtel une grande quantité d'objets enveloppés dans des mouchoirs et des serviettes;

8°. Quelle opération il fit durant sa mystérieuse retraite au bois de Vincennes;

9°. Pourquoi il attendit, pour faire apporter le nécessaire de Jérôme à dix heures du soir, et les sacs d'argent à une heure de la nuit, qu'on lui eût annoncé à différentes reprises qu'il serait fusillé s'il ne le faisait pas.

10°. Quel don de prophétie illumina Dasies, son compagnon, lorsqu'il dit à M. de Geslin que les sacs avaient l'air de ne contenir que des pièces de vingt sous et de dix sous, conjecture dont la vérification justifia bientôt le fondement;

11°. Comment il put se faire qu'on retrouva dans l'appartement , rue Neuve-de-Luxembourg , où la vache et les boîtes d'acajou avaient été déposées, des bijoux , des boucles d'oreilles , un compartiment d'écrin et des brillans, que le grand-maître de la garde-robe de Jérôme reconnut d'autant mieux que l'un de ces brillans était inséré dans un papier écrit de sa main ;

12°. Qu'il explique la singulière connexité qu'il y a entre la circonstance que partie des diamans volés à Fossard ont été retrouvés dans la Seine, et la circonstance qu'il existe au procès :

Une première lettre, par laquelle Maubreuil écrit à son domestique, qui n'est pas marié, de dire à sa femme d'*ensabler* du vin, que lui Maubreuil n'a jamais eu ;

Une seconde lettre, cotée n°. 55, dans laquelle Maubreuil mande à Dasies « *que les indemnités sont* » *sur les brouillards de la Seine ;* »

Une troisième enfin, cotée n°. 60, où il dit : « *N'ou-* » *bliez pas la bijouterie..... Il faut couler à fond la* » *chose ;* »

13°. Qu'il explique enfin par quelle fatalité , s'il est innocent, les soustractions furent consommées :

D'abord, sans effraction aucune , dans des caisses dont il eut les clefs à sa disposition depuis la saisie opé-rée à Fossard ;

En deuxième lieu, dans le nécessaire de Jérôme, qu'il se permit de faire crocheter et de tenir ouvert pendant plus de trois heures ;

Troisièmement enfin, dans les sacs de pièces d'or qu'il eut seul en sa possession, et qu'il ne quitta point depuis Chailly jusqu'au dépôt qu'il en fit lui-même aux Tuileries.

Si Maubreuil parvenait à nous donner des explications satisfaisantes sur ces treize charges, dont trois pourraient suffire pour opérer une intime conviction, stupéfaits alors d'une justification que nous regarderions comme miraculeuse, nous nous abstiendrions de déclarer que la prévention qui l'accable est aussi manifeste que le jour qui nous éclaire.

A la suite de cet exposé, M. Maurice, avocat-général, établit d'abord les procédures auxquelles l'affaire a été soumise, ensuite la fixation du mandat et l'appréciation des faits sur lesquels intervint un premier arrêt de la Cour royale de Douai, en date du 26 août 1817, par lequel cette Cour reconnut sa compétence.

Enfin, sur une nouvelle conclusion de M. l'avocat-général, portant la parole au nom de M. le procureur-général du Roi, la Cour royale prononça l'arrêt suivant.

EXTRAIT DE L'ARRÊT

DE

LA COUR ROYALE DE DOUAI,

RENDU LE 6 MAI 1818.

« Après en avoir délibéré conformément à la loi;

» Attendu qu'il résulte des déclarations des témoins entendus à l'audience du 5 de ce mois, des procès-verbaux dont lecture a été faite, de la vérification d'écritures faites par les experts *Soins* et *Carrière*, et des autres pièces de la procédure, qu'Armand-Guerry de Maubreuil est atteint et convaincu d'avoir soustrait frauduleusement une somme de quatre-vingt-deux mille francs appartenant à la princesse Catherine de Wurtemberg, ci-devant reine de Westphalie.

» Vu les articles, etc., etc.,

» La Cour donne défaut contre Armand-Guerry de Maubreuil, et pour le profit d'icelui, le condamne à la peine de cinq années d'emprisonnement, et, par corps, à l'amende de cinq cents francs; déclare que ledit Armand-Guerry de Maubreuil est interdit des droits mentionnés en l'art. 12 du Code pénal pendant dix ans ; ordonne qu'après l'expiration de sa peine il restera sous la surveillance de la haute police de l'État pendant le même nombre d'années ; fixe à vingt mille francs le cautionnement exigé par l'art. 44 du Code pénal ;

» Condamne ledit Armand-Guerry de Maubreuil aux frais envers l'État, tant de la cause principale que de ceux faits incidemment et de ceux de la cause d'appel liquidés à 1,741 fr. 80 c. »

Fait et prononcé en audience publique, au Palais de Justice, à Douai, le 6 mai 1818, où étaient présens MM. Marescaille de Courcelles, président, Becquet, Woussen, Vigneron et Degouve-Denuncques, conseillers, qui ont signé.

Signé Marescaille de Courcelles, Becquet, Woussen, Vigneron, Degouve-Denuncques.